Impressum
Verlag: BABADADA GmbH, Nedderfeld 112 , 22529 Hamburg
Geschäftsführer / Verlagsleitung: Harald Hof
Druck: Books on Demand GmbH, In de Tarpen 42, 22848 Norderstedt

Imprint
Publisher: BABADADA GmbH, Nedderfeld 112 , 22529 Hamburg, Germany
Managing Director / Publishing direction: Harald Hof
Print: Books on Demand GmbH, In de Tarpen 42, 22848 Norderstedt

el colegio
škola

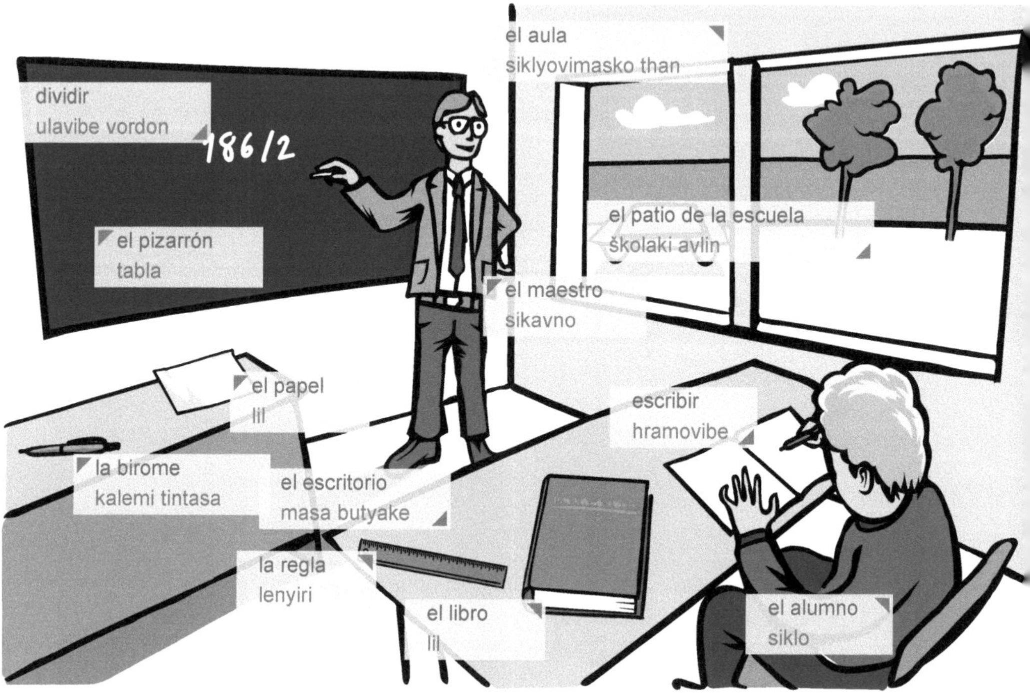
el aula
siklyovimasko than
dividir
ulavibe vordon
186/2
el pizarrón
tabla
el patio de la escuela
školaki avlin
el maestro
sikavno
el papel
lil
escribir
hramovibe
la birome
kalemi tintasa
el escritorio
masa butyake
la regla
lenyiri
el libro
lil
el alumno
siklo

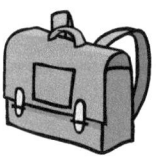

la mochila

dumeski tašna

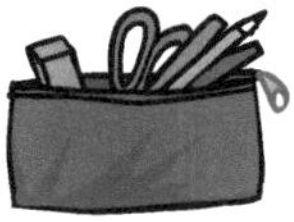

la caja de lápices

kalemengi kutia

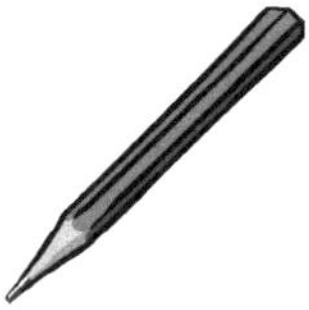

el lápiz

kalemi

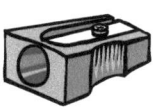

el sacapuntas

kalemengi čhurori

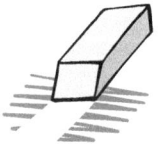

la goma (de borrar)

kosimaski guma

el bloc de dibujo

čitrimasko bloko

el dibujo

čitribe

el pincel

boyimaski frča

la caja de pinturas

boyimaski kutia

la tijera

kata

el pegamento

lepako

el cuaderno de ejercicios

bukjardarimasko lil

la tarea

khereski buti

12

el número

gendo

2+2

sumar

džide

5-2

restar

ikal

2×2

multiplicar

multiplicirin

calcular

kalkulirin

A

la letra

hramome lil

ABCDEFG
HIJKLMN
OPQRSTU
VWXYZ

el abecedario

alfabeta

la palabra

lafo

el texto

teksti

leer

drabaribe

la tiza

kreda

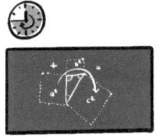

la lección

lekciya

el cuaderno de clase

Klasesko registro

el examen

egzameni

el certificado

sertifikato

el uniforme escolar

školaki uniforma

la educación

edukacia

la enciclopedia

enciklopedia

la universidad

univerziteto

el microscopio

mikroskopo

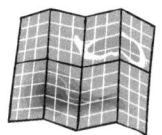

el mapa

mapa

el tacho (de basura)

korpa čhudimaske lila

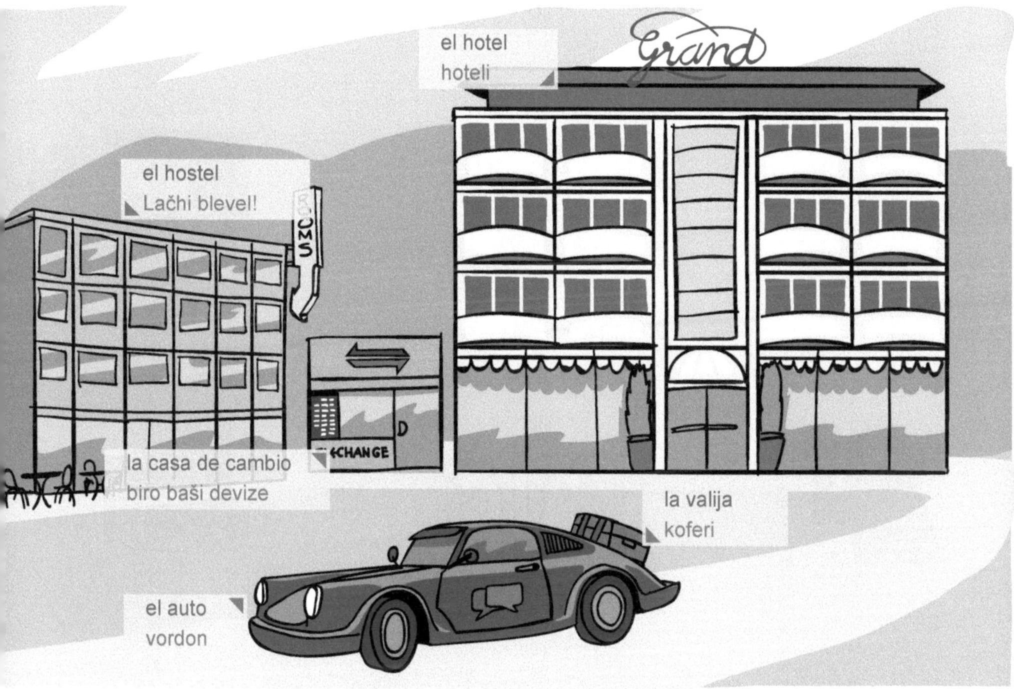

el hotel
hoteli
Grand
el hostel
Lačhi blevel!
ROOMS
EXCHANGE
la casa de cambio
biro baši devize
la valija
koferi
el auto
vordon

el idioma

ćhib

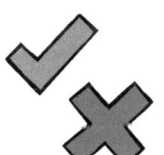

sí / no

va / na

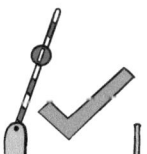

Está bien

Okay

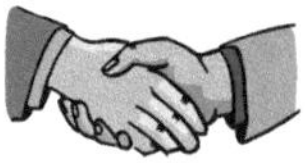

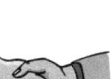

hola

Namaste

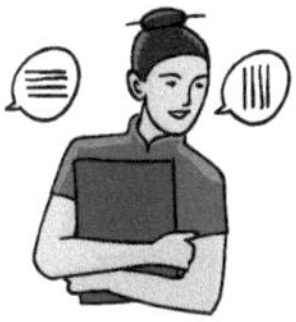

el traductor

tumači

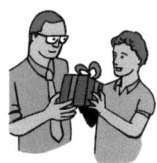

Gracias

Ov sasto

¿cuánto cuesta...?

Kozom si...?

No entiendo

Na havava

el problema

problemo

¡Buenas tardes!

Lačhi rat!

¡Buenos días!

Lačhi javin!

¡Buenas noches!

Lačhi rat!

el adiós

ačhon Devlesa

la dirección

dromeski sikavin

el equipaje

bagaži

el bolso

gono

la mochila

dumesko gono

el invitado

misafiri

la habitación

kamara

la bolsa de dormir

sovimasko gono

la carpa

cerha

la información turística

turistikani informacia

la playa

plaža

la tarjeta de crédito

kreditno kartica

el desayuno

javinako habe

el almuerzo

kušluko

la cena

ratyako habe

el pasaje

karta

el ascensor

elevatori

el sello

marka

la frontera

simantra

la aduana

adetia

la embajada

ambasada

la visa

viza

el pasaporte

pašaporti

el transporte
transporti

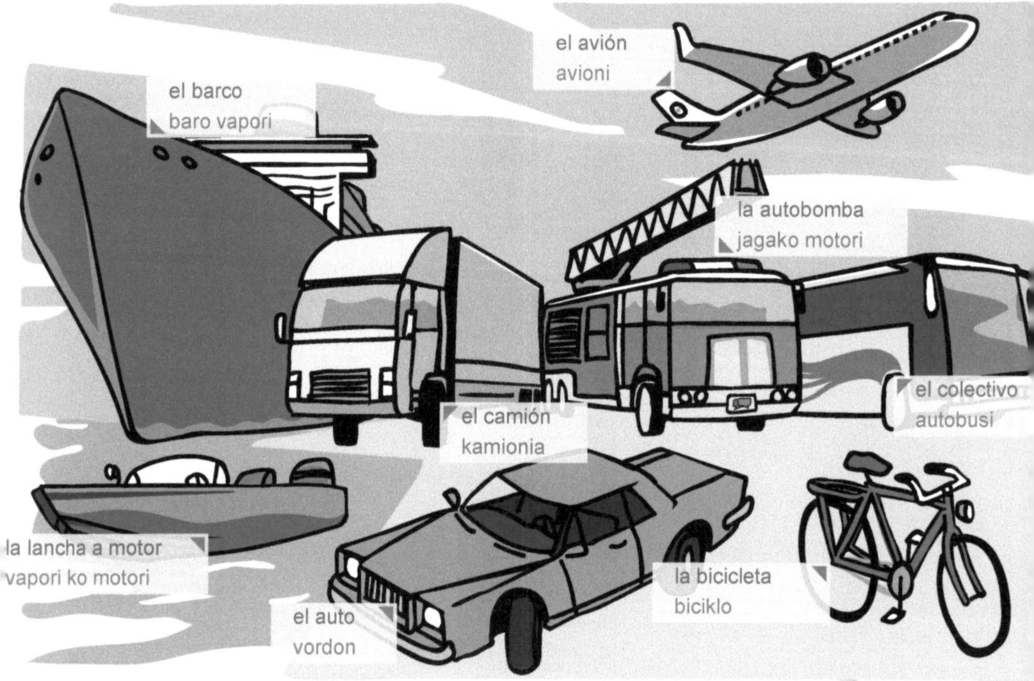
el avión
avioni
el barco
baro vapori
la autobomba
jagako motori
el colectivo
autobusi
el camión
kamionia
la lancha a motor
vapori ko motori
la bicicleta
biciklo
el auto
vordon

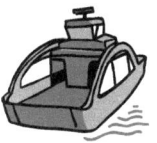

el ferry

feri vapori

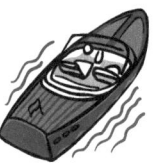

el bote

vapori

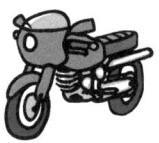

la moto

motorciklo

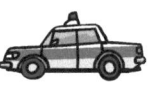

el patrullero

policiako vordon

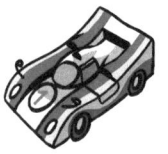

el auto de carreras

prastamasko vordon

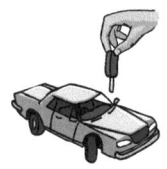

el auto de alquiler

rentakar

el alquiler de autos

ulavibe vordon

la grúa

rumosardo kamioni

el camión de la basura

kamionengo than

el motor

motori

la nafta

petroli

la estación de servicio

petrolesko stasioni

la señal de tránsito

trafikoskere išaretia

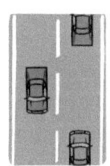

el tránsito

trafiko

el embotellamiento

baro trafiko

el estacionamiento

vordonesko parkirimasko than

la estación de tren

pampurengo stasioni

las vías

kamionia

el tren

pampuri

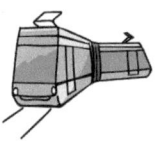

el tranvía

tramvaj

el vagón

vagoni

el helicóptero

helikopteri

el aeropuerto

aeroporti

la torre

kula

el pasajero

dromarutno

el contenedor

kontejneri

la caja de cartón

kartoni

la carretilla

vordonoro

la canasta

sevli

despegar / aterrizar

urjalipasko starto /
urjalipasko agor

la ciudad
diz

el pueblo

gav

el centro de la ciudad

dizyako centro

la casa

kher

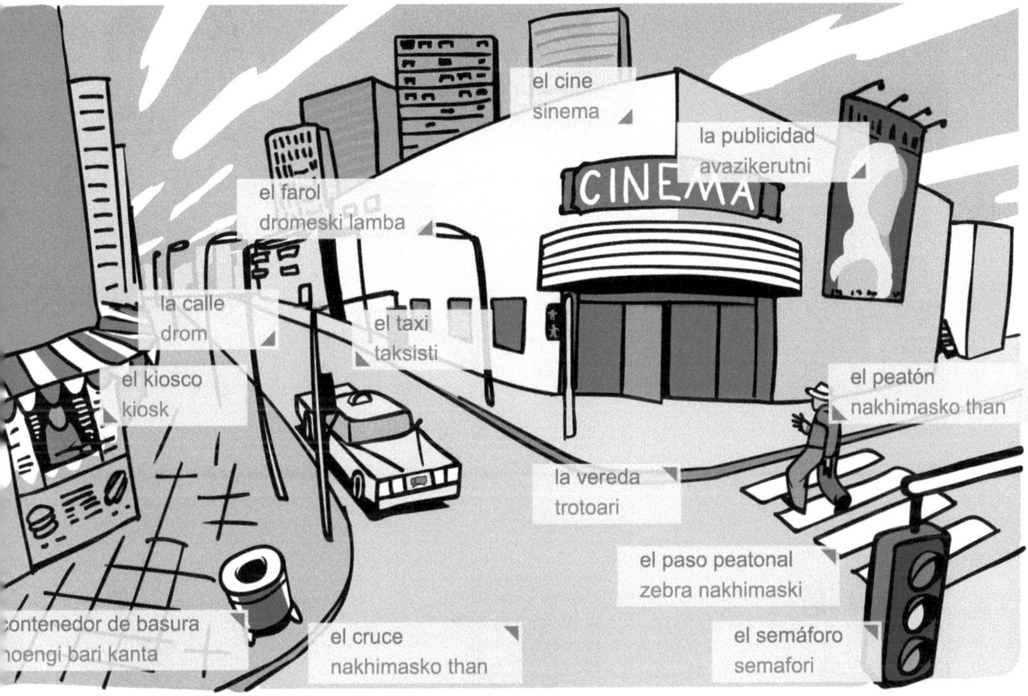

el cine
sinema

la publicidad
avazikerutni

el farol
dromeski lamba

la calle
drom

el taxi
taksisti

el peatón
nakhimasko than

el kiosco
kiosk

la vereda
trotoari

el paso peatonal
zebra nakhimaski

contenedor de basura
noengi bari kanta

el cruce
nakhimasko than

el semáforo
semafori

la cabaña
....
koliba

el departamento
....
apartmani

la estación de tren
....
pampurengo stasioni

la municipalidad
....
dizyaki sala

el museo
....
muzeji

el colegio
....
škola

la universidad

univerziteto

el banco

banka

el hospital

hospitalo

el hotel

hoteli

la farmacia

apoteka

la oficina

ofiso

la librería

lil bikinimasko than

el negocio

dukyano

la florería

lulugengo bikinutno

el supermercado

supermarket

el mercado

kurko

las grandes tiendas

baro bikinimasko kher

la pescadería

mačhengo astarutno

el centro comercial

kinimasko centro

el puerto

vaporengo ačhovimasko
than

el parque

parko

el banco

klupa

el puente

purt

las escaleras

merdevenya

el subte

metro stasioni

el túnel

tuneli

la parada del colectivo

autobuseski adžikerin

el bar

bar

el restaurante

restorani

el buzón

poštako mohto

el letrero

dromesko išareti

el parquímetro

parking than

el zoológico

zoo

la pileta

nangyovimasko bazeni

la mezquita

džamiya

la granja

farma

la contaminación

melalipe

el cementerio

limorengo than

la iglesia

khangeri

los juegos infantiles

khelimasko than

el templo

hramo

el paisaje
pejzaži

la hoja
patrin

el poste indicador
išareti

el camino
drom

la pradera
livazin

la piedra
bar

el excursionista
phiravno

el árbol
kašt

el río
len

la hierba
čar

la flor
luludi

el valle

harno than

la montaña

bairi

el lago

devrijal

el bosque

veš

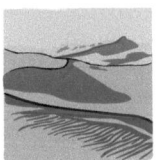

el desierto

mulano than

el volcán

vulkano

el castillo

saraji

el arco iris

renkali badalin

el champiñón

gaba

la palmera

palma kašt

el mosquito

sivrija

la mosca

mak

la hormiga

karandža

la abeja

birumni

la araña

pauko

el escarabajo

buba

la rana

žamba

la ardilla

ververica

el erizo

kanzauri

la liebre

šošoj

la lechuza

buf

el pájaro

pakšin

el cisne

lebedi

el jabalí

bali

el ciervo

eleno

el alce

eleno

la presa

pani garavin

el aerogenerador

bavlalaki turbina

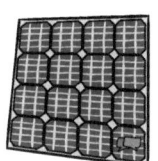

el panel solar

solarno paneli

el clima

klima

el restaurante
restorani

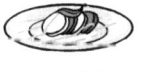

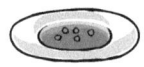

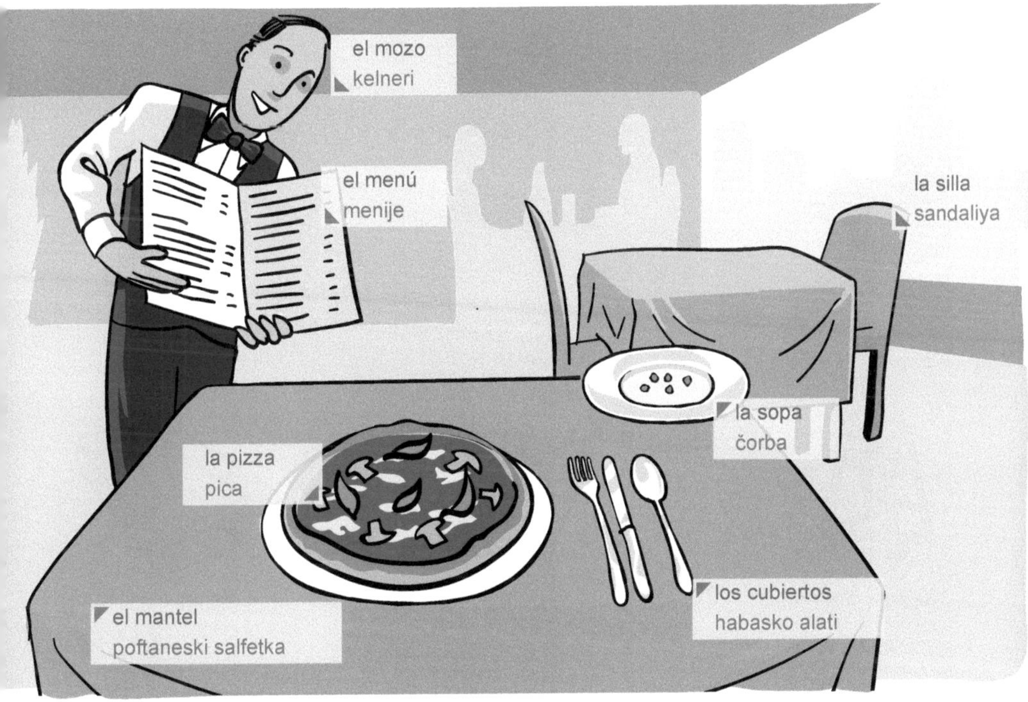
el mozo
kelneri
el menú
menije
la silla
sandaliya
la sopa
čorba
la pizza
pica
los cubiertos
habasko alati
el mantel
poftaneski salfetka

la entrada

avgo habe

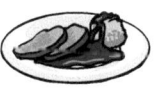

el plato principal

šerutno habe

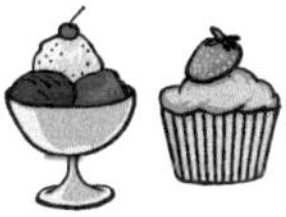

el postre

gudlimata

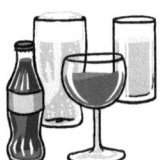

las bebidas

piiba

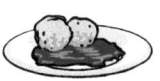

la comida

habe

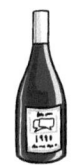

la botella

šiša

la comida rápida

fast food

la comida callejera

sokakongo habe

la tetera

čajniko

la azucarera

šekereskoro čaroro

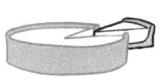

la porción

porcia

la cafetera expreso

makina vaš espresso

la sillita alta

uči sandaliya

la cuenta

esapi

la bandeja

apladiya

el cuchillo

čhuri

el tenedor

vilyuška

la cuchara

roj

la cucharita

čajeski roj

la servilleta

salfetka

el vaso

tahtai

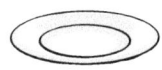

el plato

čaro

el plato hondo

čaro čorbake

el plato

hor čaro

la salsa

sosi

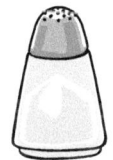

el salero

londesko čaroro

el molinillo de pimienta

kale biberesko pišlo

el vinagre

šut

el aceite

zejtini

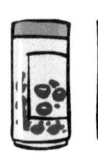

las especias

začinia

el kétchup

kečap

la mostaza

senf

la mayonesa

majonezi

el supermercado
supermarket

la oferta especial
specialno oferta
FOR
el cliente
mušteriya
los lácteos
thudeske butya
la fruta
emiši
el changuito
vordonoro

BUTCHERS

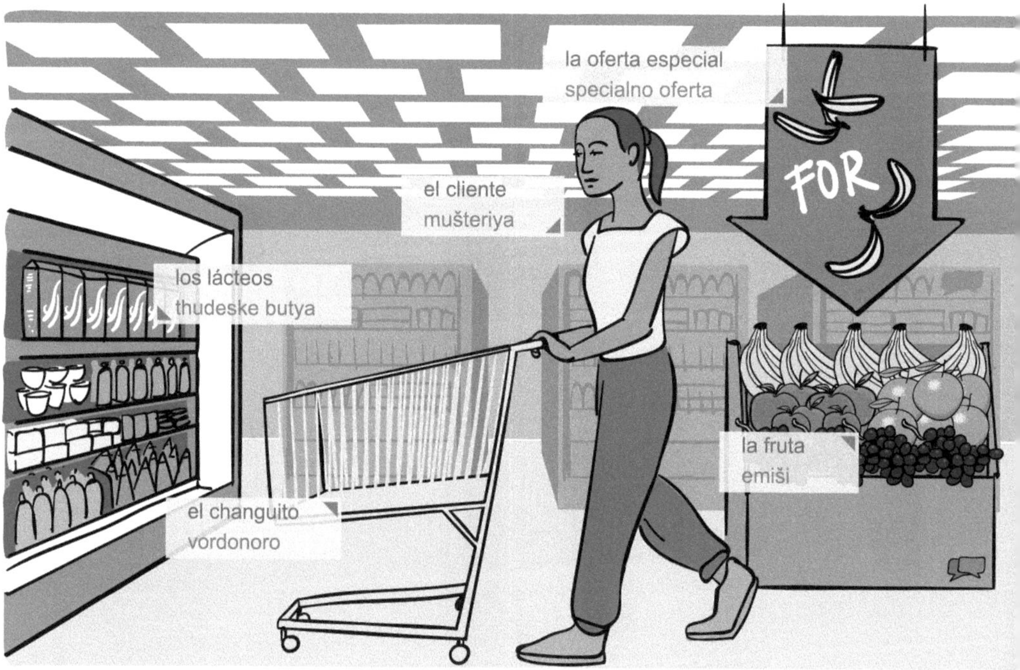

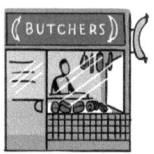

la carnicería

kasapi

BAKERY

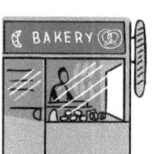

la panadería

furuna

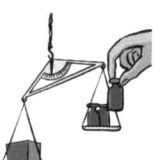

pesar

ladavipe

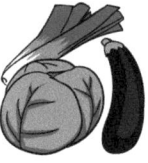

las verduras

zarzavati

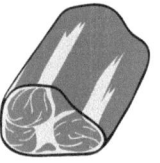

la carne

masesko rolati

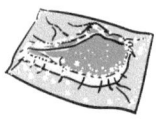

los alimentos congelados

pahome habe

los fiambres

šudro mas

los alimentos enlatados

konzerva

el detergente en polvo

thovimasko prašako

las golosinas

gudlimata

los electrodomésticos

khereske butya

los productos de limpieza

užarimaske butya

la vendedora

bikinutno

la caja

kasapi

el cajero

kasieri

la lista de compras

kinimaski patrin

el horario de atención

putarimaske satura

la billetera

lovengi tašna

la tarjeta de crédito

kreditno kartica

la cartera

gono

la bolsa de plástico

plastikano gono

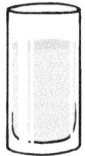

el agua

pani

el jugo

džus

la leche

thud

la bebida cola

kola

el vino

mol

la cerveza

bira

el alcohol

alkohol

el cacao

kakao

el té

čaj

el café

kafa

el café expreso

espresso

el cappuccino

cappuccino

la banana

banana

la manzana

phabaj

la naranja

portokali

el melón

kavuni

el limón

limoni

la zanahoria

karota

el ajo

sir

el bambú

bambusi

la cebolla

purum

el champiñón

gaba

las nueces

akhora

los fideos

humereske butya

los tallarines

špageti

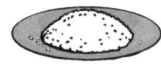

el arroz

rezo

la ensalada

salata

las papas fritas

čipsi

las papas fritas

peke kompiria

la pizza

pica

la hamburguesa

hamburger

el sándwich

sendviči

el churrasco

kotleti

el jamón

žamboni

el salame

salama

la salchicha

goja

el pollo

khajnako mas

el asado

peko

el pescado

mačho

los copos de avena
....
popara

el muesli
....
musli

los copos de maíz
....
kornfleks

la harina
....
varo

la medialuna
....
kroasani

el pancito
....
masesko rolati

el pan
....
maro

la tostada
....
tosti

las galletitas
....
biskotia

la manteca
....
puteri

la cuajada
....
urda

la torta
....
torta

el huevo
....
jaro

el huevo frito
....
peke jare

el queso
....
kiral

el helado

šudro gudlo

el azúcar

šekeri

la miel

avgin

la mermelada

džem

la pasta de chocolate

čokoladaki krema

el curry

kari

la granja
farma

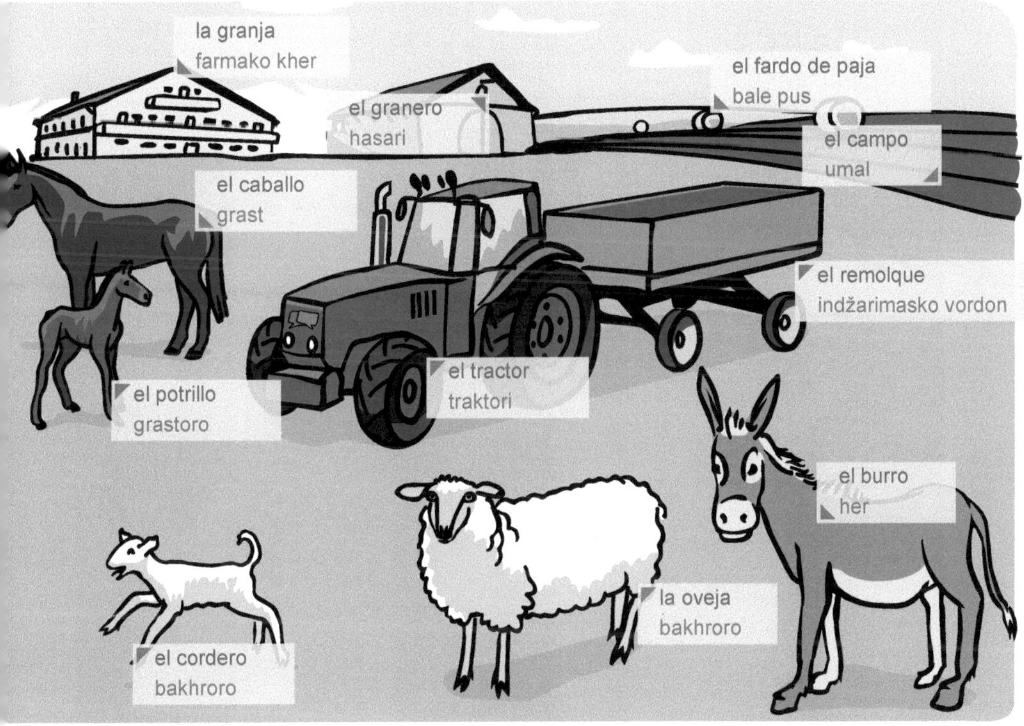
la granja
farmako kher
el granero
hasari
el fardo de paja
bale pus
el campo
umal
el caballo
grast
el remolque
indžarimasko vordon
el tractor
traktori
el potrillo
grastoro
el burro
her
la oveja
bakhroro
el cordero
bakhroro

la cabra

buzno

la vaca

guruvni

el ternero

guruvoro

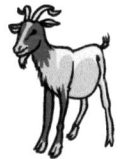

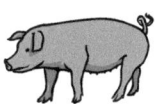

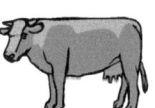

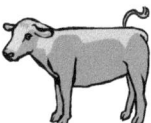

el cerdo

balo

el lechón

baloro

el toro

guruv

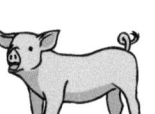

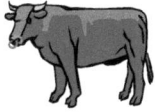

el ganso
papin

el pato
payka

el pollo
pilička

la gallina
khayni

el gallo
bašno

la rata
baro germuso

el gato
bilika

el ratón
germuso

el buey
guruv

el perro
džukel

la cucha
džukelesko kher

la manguera
žardina

la regadera
panyarimaski kanta

la guadaña
aindžako kidimasko alati

el arado
plugo

la hoz
srpo

la azada
motika

la horquilla
aindžaki vilyuška

el hacha
tover

la carretilla
vordonoro phiravutno

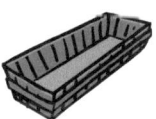

el abrevadero
balani

la lechera
thudeski šiša

la bolsa
harari

la reja
trujalutni

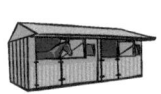

el establo
jahri

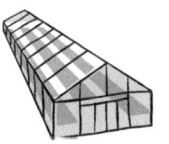

el invernadero
haryalo kher

el suelo
phuv

la semilla
seme

el fertilizador
gyubre

la cosechadora
aindžako kidipe

cosechar

kidibe aindž

la cosecha

harmani

las batatas

phuvaki phabaj

el trigo

giv

la soja

soja

la papa

kompiri

el maíz

mumuruzi

la semilla de colza

šarlagani

el árbol frutal

emišengo kašt

la mandioca

Kasava

los cereales

giveskere javinlukoja

la casa
kher

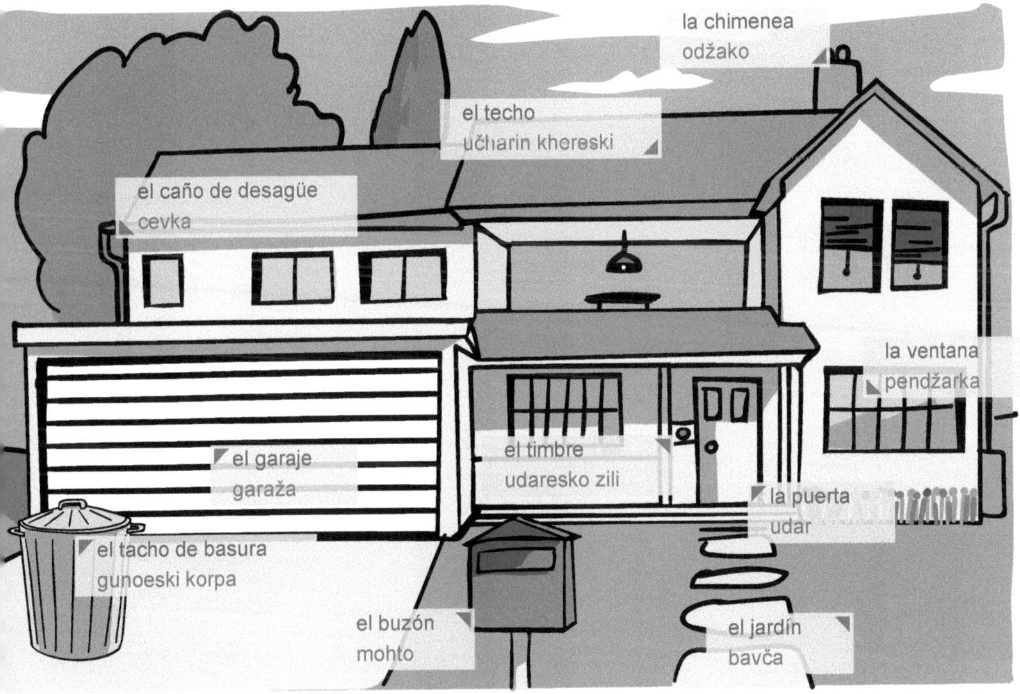

la chimenea
odžako
el techo
učharin khereski
el caño de desagüe
cevka
la ventana
pendžarka
el garaje
garaža
el timbre
udaresko zili
la puerta
udar
el tacho de basura
gunoeski korpa
el buzón
mohto
el jardín
bavča

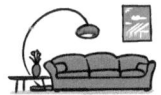

el living
bešimaski kamara

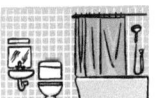

el baño
banya

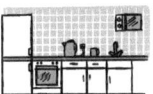

la cocina
kujna

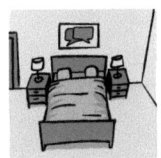

el dormitorio
sovimasko than

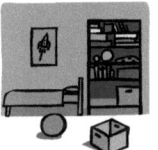

el cuarto de los chicos
čhavengi kamara

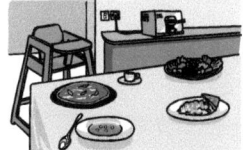

el comedor
than hajbaske rakjako habe

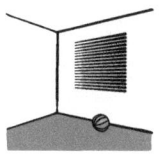

el piso
kati

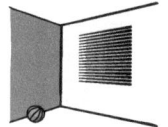

la pared
duvari

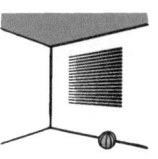

el cielorraso
tavano

el sótano
špajzi

el sauna
sauna

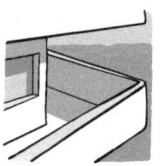

el balcón
terasa

la terraza
terasa

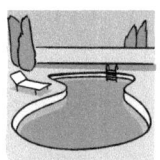

la pileta
bazeni

la cortadora de pasto
čar harnyarimaski makina

la sábana
patrin

el acolchado
čaršafia

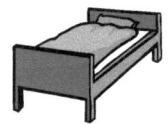

la cama
kreveto

la escoba
šulavni

el balde
korpa

el interruptor
elektrikani phabarin

el living
bešimaski kamara

el empapelado
tapeta
la imagen
tasviri
la lámpara
lamba
el estante
rafti
el armario
ormari
la televisión
televiziya
la chimenea
jagako than
la flor
luludi
el almohadón
šerand
el sofá
sofa
el florero
vazna
el control remoto
durutni komanda

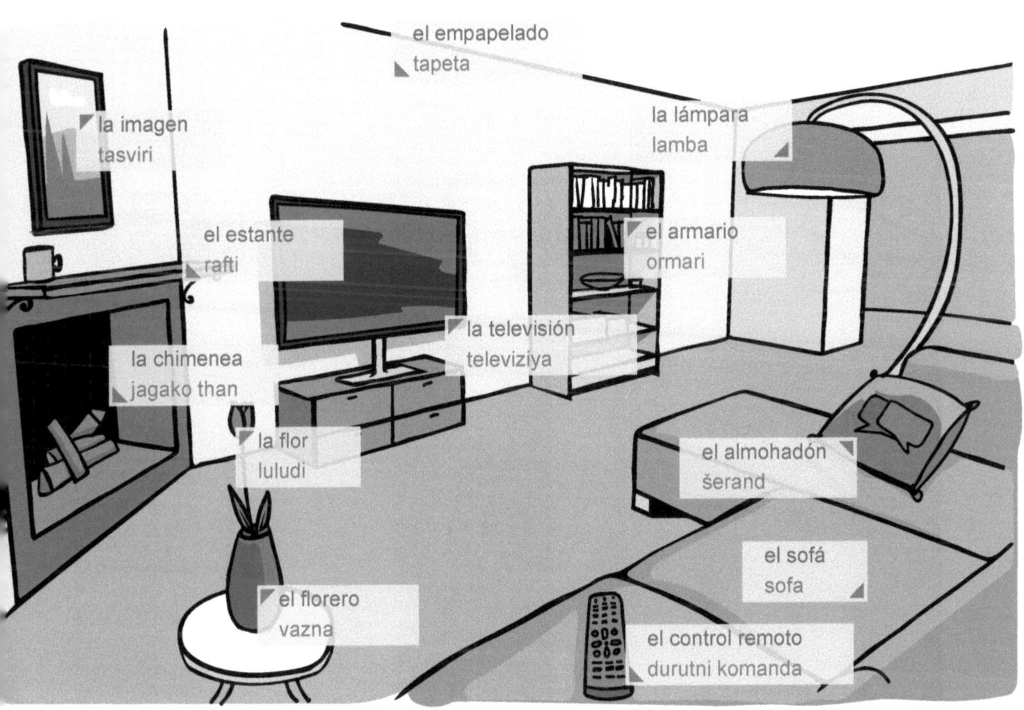

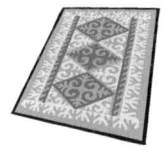

la alfombra

kilimi

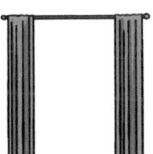

la cortina

perde

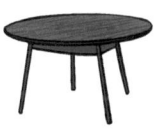

la mesa

masa

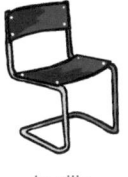

la silla

sandaliya

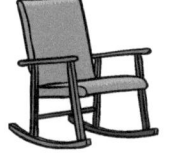

la mecedora

kunajka sandaliya

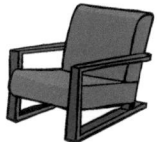

el sillón

fotelya

el libro

lil

la frazada

kebe

la decoración

dekoraciya

la leña

kašta phabarimaske

la película

filmi

el equipo de música

stereo ašunimaske butya

la llave

nahtari

el diario

gazeta

la pintura

frčaja bojakeribe

el póster

posteri

la radio

radio

el cuaderno

hramovimasko bloko

la aspiradora

elektrikani šulavni

el cactus

kaktusi

la vela

momoli

la cocina
kujna

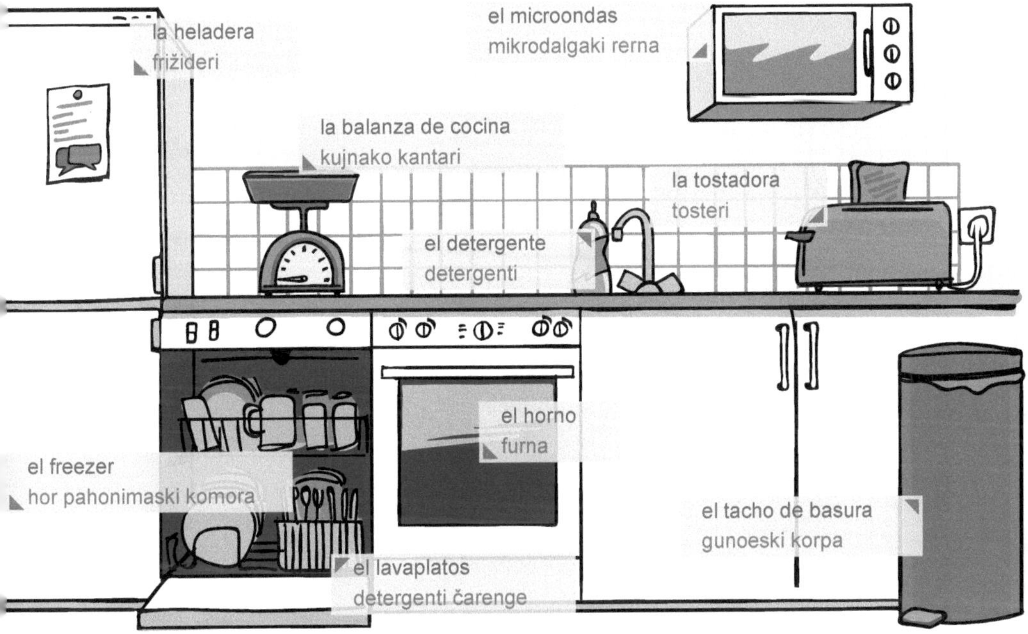
la heladera
frižideri
el microondas
mikrodalgaki rerna
la balanza de cocina
kujnako kantari
la tostadora
tosteri
el detergente
detergenti
el horno
furna
el freezer
hor pahonimaski komora
el tacho de basura
gunoeski korpa
el lavaplatos
detergenti čarenge

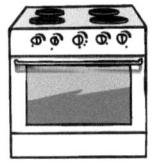

la cocina
....
keravimasko than

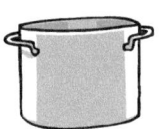

la olla
....
čaro

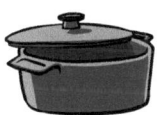

la olla de hierro fundido
....
sastrnali tendžera

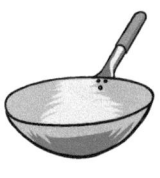

el wok
....
vok cihani

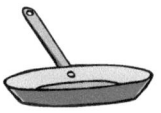

la sartén
....
tava

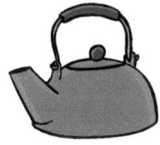

la pava
....
elektrikano bokali

la vaporera

tendžera ki para

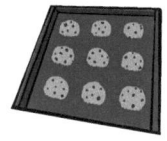

la bandeja de horno

tepsija

la vajilla

čare

la taza

bareder fildžano

el bol

čaro

los palitos

kinakere habaskere kaštore

el cucharón

fioka

la espátula

špatula

la batidora

vastesko mikseri

el colador

cedimasko čaro

el colador

porizen

el rallador

rende

el mortero

avano

la parrilla

skara

la fogata

puteribe jag

la tabla de picar

čhinimaski tabla

el palo de amasar

oklagia

el sacacorchos

puterimasko alati

la lata

konzerva

el abrelatas

konzervako puterutno

la manopla

čaresko ikerutno

la pileta

lavabo

el cepillo

frča

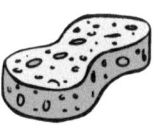

la esponja

sungeri

la batidora

mikseri

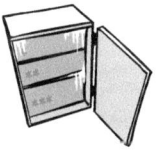

el congelador

hor pahonimasko frižideri

la mamadera

bebeski šiša

la canilla

češma

el baño
banya

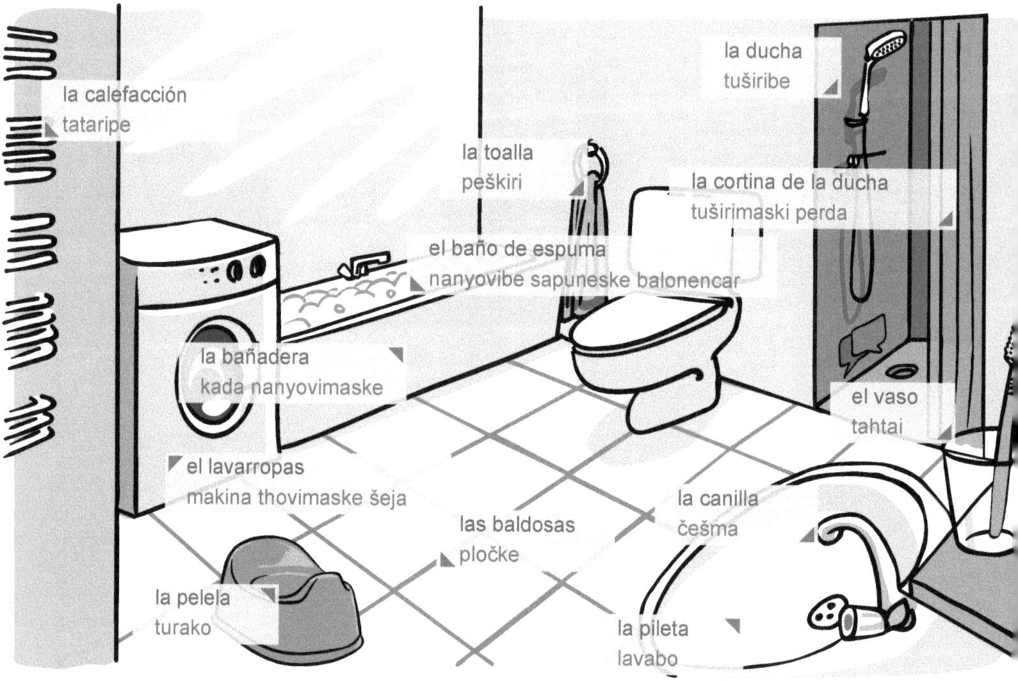

la ducha
tuširibe
la calefacción
tataripe
la toalla
peškiri
la cortina de la ducha
tuširimaski perda
el baño de espuma
nanyovibe sapuneske balonencar
la bañadera
kada nanyovimaske
el vaso
tahtai
el lavarropas
makina thovimaske šeja
la canilla
češma
las baldosas
pločke
la pelela
turako
la pileta
lavabo

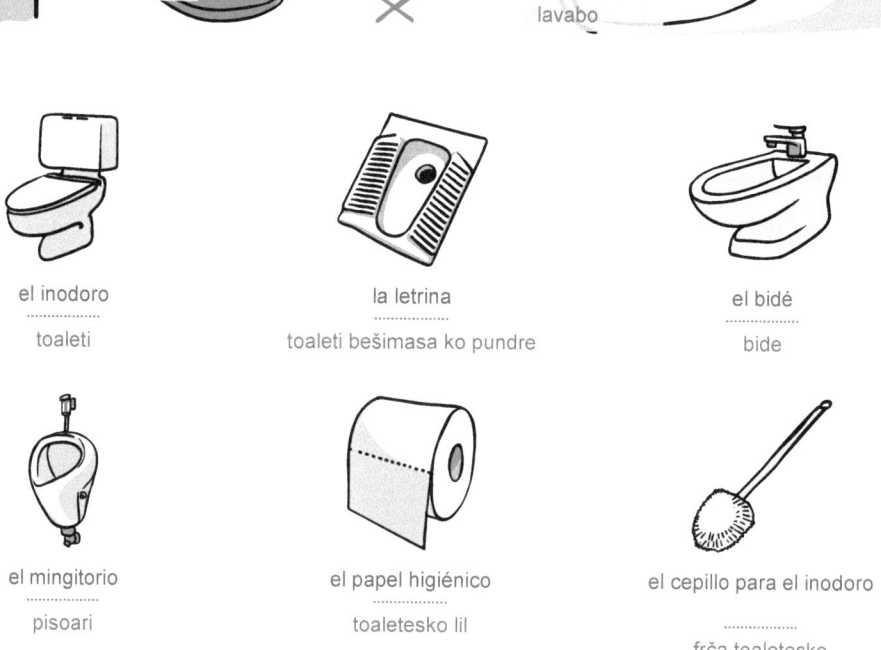

el inodoro
toaleti

la letrina
toaleti bešimasa ko pundre

el bidé
bide

el mingitorio
pisoari

el papel higiénico
toaletesko lil

el cepillo para el inodoro
frča toaleteske

el cepillo de dientes

danda thovimaski frča

el dentífrico

danda thovimaski krema

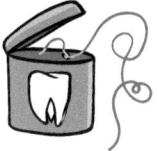

el hilo dental

dandesko thav

lavar

thovibe danda

la ducha de mano

vasteskoro tuši

la ducha higiénica

tuši

la palangana

lavabo

el cepillo para la espalda

dumeski frča

el jabón

sapuni

el gel de ducha

tuširimasko geli

el shampoo

šamponi

la toallita

flanela

el desagüe

kada ćidimaske pani

la crema

krema

el desodorante

dezodoransi

el espejo

ajna

el espejito

vasteski ajna

la maquinita de afeitar

žileti moravimaske

la espuma de afeitar

moravimaski pena

el aftershave

palal muravimaski krema

el peine

kanglik

el cepillo

frča

el secador de pelo

feni balenge

el spray

sprej balenge

el maquillaje

šminka

el lápiz de labios

karmini

el esmalte para uñas

oja najenge

el algodón

pamuko pošom

la tijera para uñas

kata najenge

el perfume

parfemi

el portacosméticos

gono thovimaske

la banqueta

sandaliya

la balanza

tereziya

la bata

bademantili

los guantes de goma

gumena kalcunya

el tampón

tamponi

la toallita femenina

toaletno lil

el baño químico

hemikano toaleti

el cuarto de los chicos
čhavengi kamara

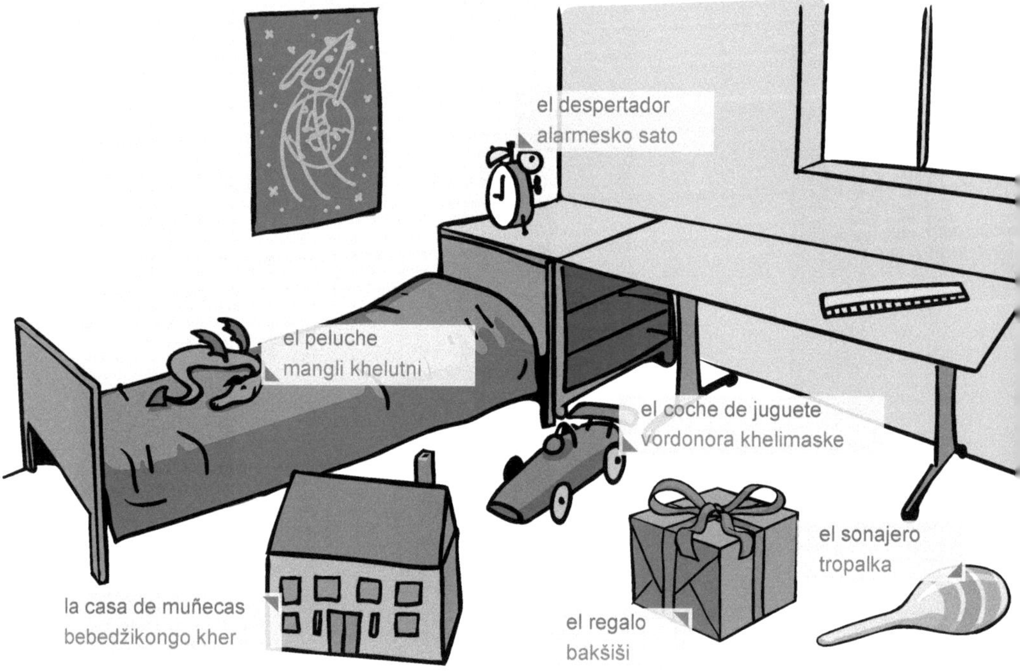
el despertador
alarmesko sato
el peluche
mangli khelutni
el coche de juguete
vordonora khelimaske
el sonajero
tropalka
la casa de muñecas
bebedžikongo kher
el regalo
bakšiši

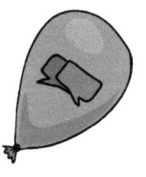

el globo

baloni

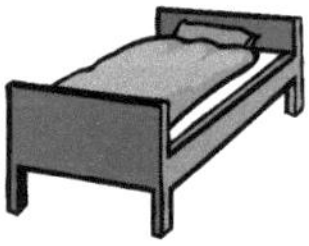

la cama

kreveto

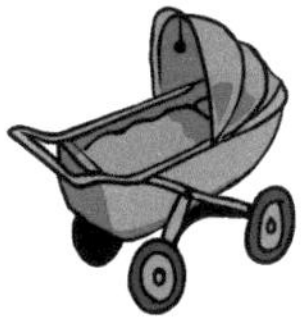

el cochecito

bebengo vordon

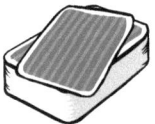

las cartas

špili karte

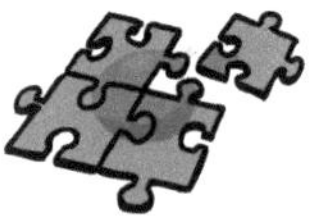

el rompecabezas

ker-rumin khelin

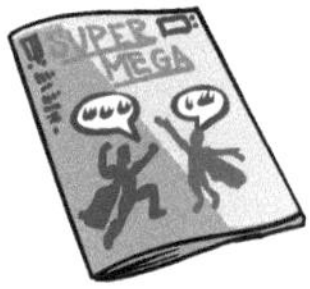

la historieta

komikano lil

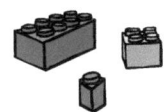

las piezas de lego

lego kocke

los ladrillos de juguete

kocke khelimaske

la figura de acción

akciaki figura

el enterito (de bebé)

bodi bebeske

el frisbee

frizbi

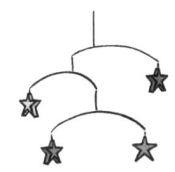

el móvil para bebés

mobile

el juego de mesa

masa khelimaske

los dados

zari

el tren eléctrico

pampuri khelimaske

el chupete

cucla

la fiesta

bahlana

el libro de cuentos ilustrado

tasvirengo lil

la pelota

topka

la muñeca

bebedžiko

jugar

khelibe

el arenero

pošikako than

la hamaca

kuna

los juguetes

khelimaske butya

la consola de videojuegos

konzola video khelimaske

el triciclo

triciklo

el osito de peluche

poftaneski ričini

el armario

garderoba

la ropa

šeja

las medias

kalcunya

las medias panty

khuvde kalcunya

las calzas

hulahopke

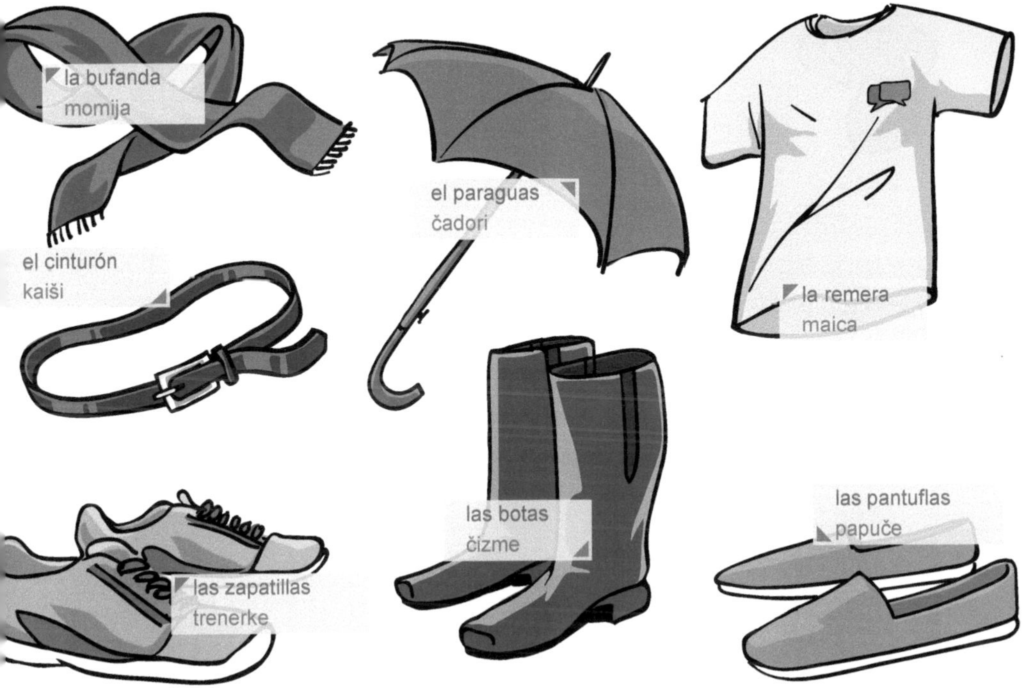

la bufanda
momija

el cinturón
kaiši

el paraguas
čadori

la remera
maica

las zapatillas
trenerke

las botas
čizme

las pantuflas
papuče

las sandalias

sandale

los zapatos

menije

las botas de goma

gumena čizme

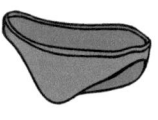

la ropa interior

sostenya

el corpiño

eleko

el chaleco

jeleko

la ropa - šeja

el body
bodi

los pantalones
pantalonya

los jeans
farmerke

la pollera
suknya

la blusa
bluza

la camisa
gat

el pulóver
puloveri

el buzo
dukseri

el blazer
harno kaputi

la campera
džeketi

el tapado
kaputi

el piloto
biršimdesko mantili

el traje
kostimi

el vestido
fustano

el vestido de novia
prandinako fustano

el traje

kostumi

el camisón

rakjako fustano

el pijama

pižame

el sari

sari

el pañuelo para la cabeza

momija šereske

el turbante

turbani

la burka

burka

el caftán

kaftani

la abaya

abaya

el traje de baño

nangyovimaske šeja

el short de baño

buxle pantolonya

los shorts

harne pantolonya

el jogging

sporteske trenerke

el delantal

kecelya

los guantes

vasteske kalcunya

el botón

kopča

los anteojos

gjuzlukya

la pulsera

belegziya

el collar

mirikle

el anillo

angrustik

el aro

čeni

la gorra

stadik

la percha

kaputeski čiviya

el sombrero

stadik

la corbata

kravata

el cierre

patenti

el casco

kaciga

los tiradores

dandenge proteze

el uniforme escolar

školaki uniforma

el uniforme

uniforma

el babero

ligarka

el chupete

cucla

el pañal

pherno

la oficina
ofiso

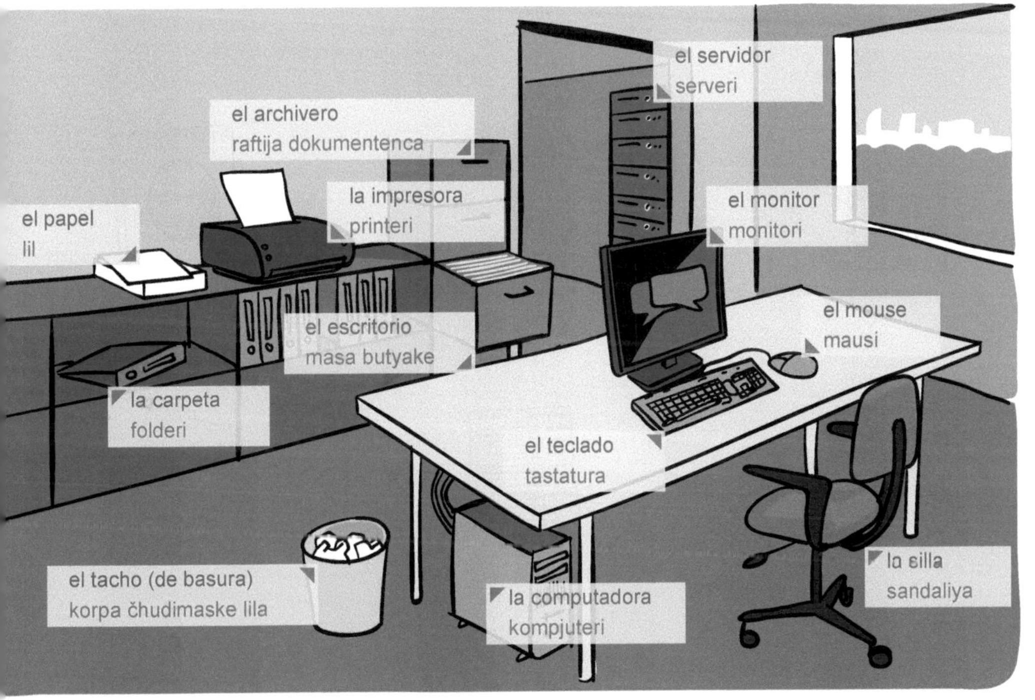

el servidor
serveri

el archivero
raftija dokumentenca

la impresora
printeri

el papel
lil

el monitor
monitori

el escritorio
masa butyake

el mouse
mausi

la carpeta
folderi

el teclado
tastatura

el tacho (de basura)
korpa čhudimaske lila

la silla
sandaliya

la computadora
kompjuteri

la taza de café

fildžano kafake

la calculadora

kalkulatori

el internet

internet

la laptop

laptop

la carta

lil

el mensaje

mesaži

el celular

mobilno telefono

la red

netvorko

la fotocopiadora

kopirimaski makina

el software

softveri

el teléfono

telefono

el tomacorriente

štekeri

el fax

faks makina

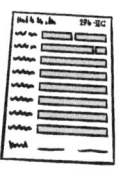

el formulario

formulari

el documento

dokumento

comprar

kinibe

pagar

pokinibe

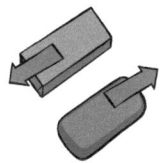

hacer negocios

kino-bikinibe

el dinero

love

el dólar

dolari

el euro

euro

el yen

jeni

el rublo

rublya

el franco suizo

švajcariako franko

el yuan

renminbi juan

la rupia

rupija

el cajero automático

lovengo automati

la casa de cambio

biro baši devize

el oro

somnakaj

la plata

rup

el petróleo

petroli

la energía

energia

el precio

fiyati

el contrato

kontrakto

el impuesto

taksa

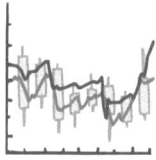

la acción

berzaki akcija

trabajar

butikeribe

el empleado

butyarno

el empleador

butyako dendutno

la fábrica

fabrika

el negocio

dukyano

las ocupaciones
profesie

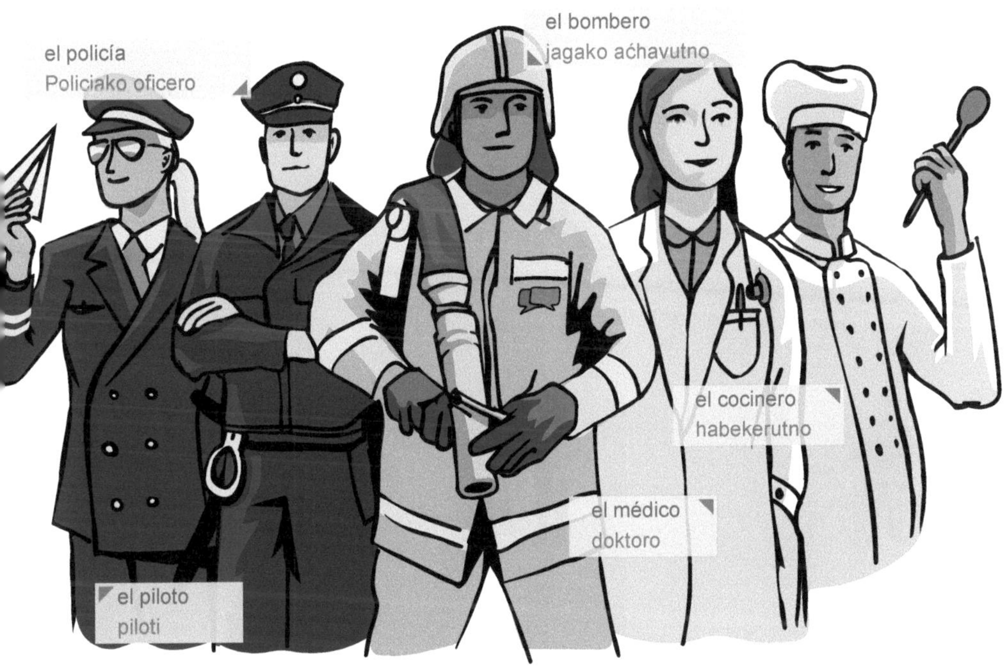
el policía
Policiako oficero
el bombero
jagako aćhavutno
el cocinero
habekerutno
el médico
doktoro
el piloto
piloti

el jardinero

bavčako butyarno

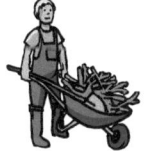

el carpintero

tišleri

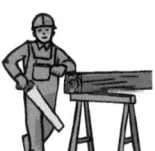

la modista

šnajderka

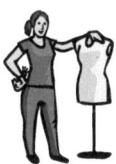

el juez

krisuno

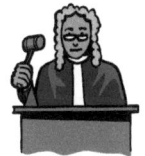

el farmacéutico

hemičari

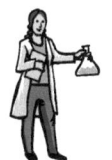

el actor

akteri

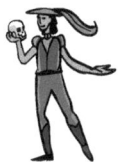

el colectivero

autobusesko šoféri

el taxista

taksisti

el pescador

mačhengo astarutno

la mucama

užarutni

el techista

učharinengo kerutno

el mozo

kelneri

el cazador

avdžija

el pintor

tasvirkerutno

el panadero

furnadžia

el electricista

elektrikako phirno

el albañil

tamirutno

el ingeniero

inžinjeri

el carnicero

kasapi

el plomero

panjesko butyarno

el cartero

poštari

el soldado	el arquitecto	el cajero
askeri	arhitekto	kasieri

el florista	el peluquero	el cobrador
luludyari	frizeri	kondukteri

el mecánico	el capitán	el dentista
mekanisti	kapetani	dandengo saslyarno

el científico	el rabino	el imán
vigjanalo manuš	rabini	imami

el monje	el sacerdote	
rašaj	rašaj	

las herramientas
alatia

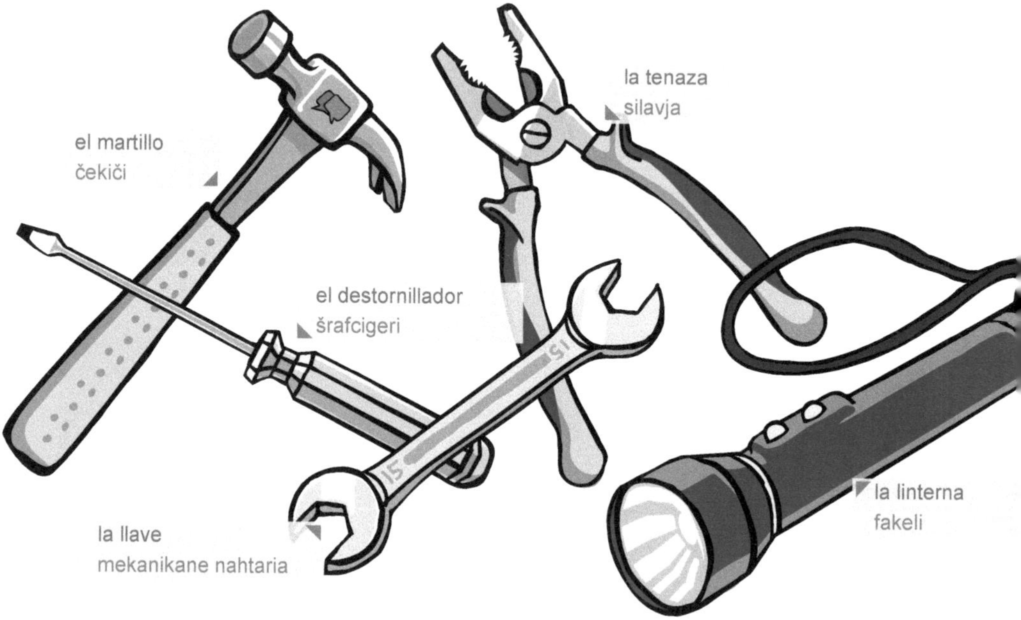

el martillo
čekiči
la tenaza
silavja
el destornillador
šrafcigeri
la llave
mekanikane nahtaria
la linterna
fakeli

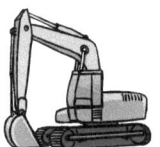

la excavadora
hrandimasko alati

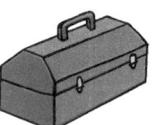

la caja de herramientas
alateski kutia

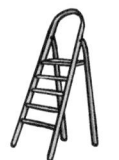

la escalera portátil
merdeveni

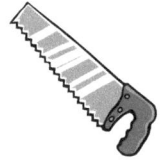

la sierra
pila

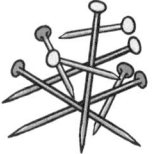

los clavos
karfa

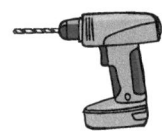

el taladro
posavin

arreglar

lačharkeribe

la pala de jardín

lopata

¡Qué bronca!

Naleti!

la pala de plástico

vatrali

el tacho de pintura

lonco bojimaske

los tornillos

šrafja

los instrumentos musicales
muzikane instrumentia

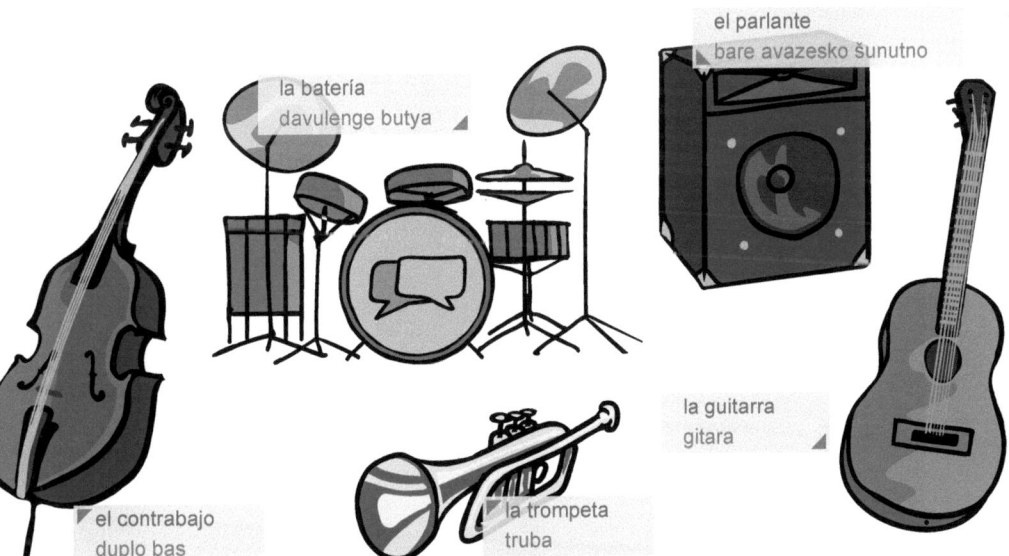

el parlante
bare avazesko šunutno

la batería
davulenge butya

la guitarra
gitara

el contrabajo
duplo bas

la trompeta
truba

el piano
piano

el violín
kemana

el bajo
bas

los timbales
timpani

el tambor
davulia

el teclado
sintisajzeri

el saxofón
saksafoni

la flauta
flejta

el micrófono
mikrofoni

los instrumentos musicales - muzikane instrumentia

el zoológico

zoo

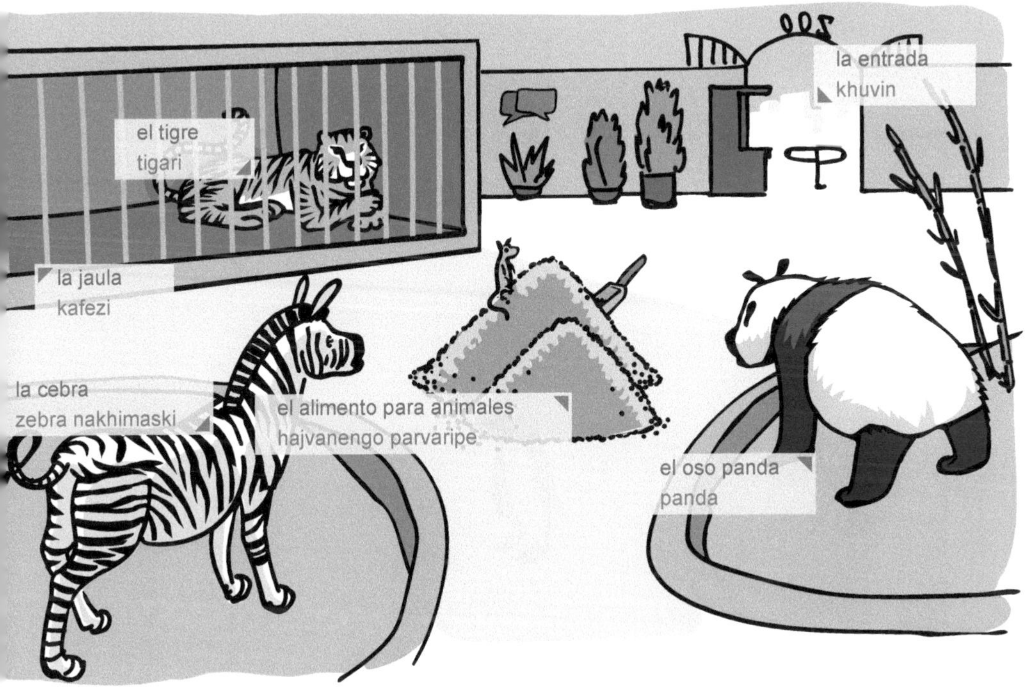

la entrada
khuvin
el tigre
tigari
la jaula
kafezi
la cebra
zebra nakhimaski
el alimento para animales
hajvanengo parvaripe
el oso panda
panda

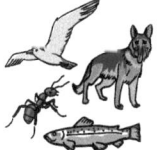

los animales

hajvania

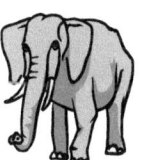

el elefante

elefanti

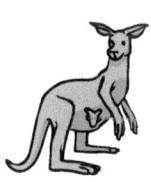

el canguro

kenguri

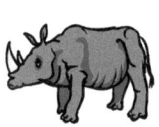

el rinoceronte

rino

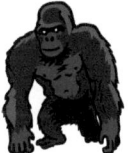

el gorila

gorila

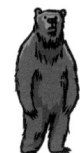

el oso

ričini

el camello

kamila

el avestruz

ostriga

el león

aslani

el mono

majmuni

el flamenco

flamingo

el loro

papagali

el oso polar

polarno ričini

el pingüino

pingvini

el tiburón

ajkula

el pavo real

pauno

la serpiente

sap

el cocodrilo

krokodilo

el cuidador del zoológico

zoo arakhutno

la foca

foka

el jaguar

jaguari

el zoológico - zoo

el poni

poni

el leopardo

leopardi

el hipopótamo

hipo

la jirafa

žirafa

el águila

zorale kandžengi paškin

el jabalí

bali

el pescado

mačho

la tortuga

želka

la morsa

morži

el zorro

lumri

la gacela

gazela

el fútbol americano
Amerikako fudbali

el ciclismo
biciklizmo

el tenis
tenis

el básquet
basketboli

la natación
nangjovibe

el boxeo
boksi

el hockey sobre hielo
hokej ko paho

el fútbol
fudbali

el bádminton
badmington

el atletismo
atletika

el handball
vasteskoboli

el esquí
skiibe

el polo
polo

saltar
hutibe

abrazar
deibe angali

reír
asaibe

caminar
phiribe

cantar
giljavibe

soñar
dikhibe suno

rezar
azirikeribe

besar
čumibe

escribir

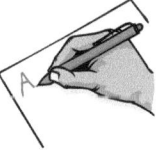

hramovibe

dibujar

čitribe

mostrar

sikavibe

presionar

cidljaribe

dar

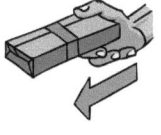

deibe

tomar

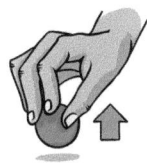

leibe

tener

isibe

hacer

keribe

ser

te ovel

estar parado

tergyovibe

correr

prastaibe

tirar

cidibe

tirar

čhudibe

caer

peribe

estar acostado

hovavibe

esperar

adžikeribe

llevar

phiravibe

estar sentado

bešibe

vestirse

urjavibe

dormir

sovibe

despertar

džangavibe

mirar

dikhibe ko

llorar

rovibe

acariciar

čalavibe

peinar

uhlavibr

hablar

vakeribe

entender

haljovibe

preguntar

puč

escuchar

šunibe

beber

piibe

comer

habe

ordenar

užaribe

amar

kamibe

cocinar

keribe habe

manejar

paldibe vordon

volar

urjalibe

navegar

vaporea džaibe

calcular

kalkulirin

leer

drabaribe

aprender

sikljovibe

trabajar

butikeribe

casarse

prandibe

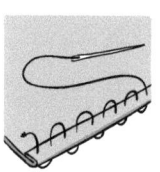

coser

suvibe

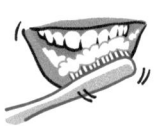

cepillarse los dientes

thovibe danda

matar

mudaribe

fumar

piibe dahani

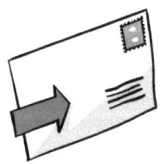

enviar

bičhalibe

la familia
familiya

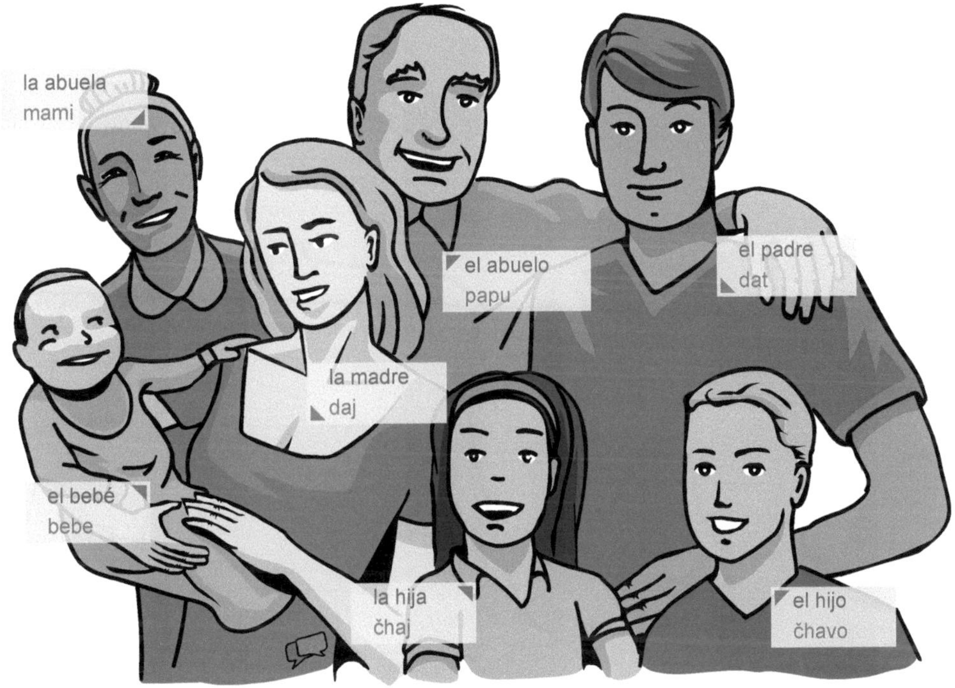
la abuela
mami
el abuelo
papu
el padre
dat
la madre
daj
el bebé
bebe
la hija
čhaj
el hijo
čhavo

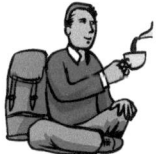

el invitado
misafiri

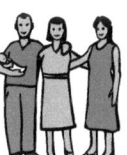

la tía
bibi

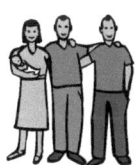

el tío
kako

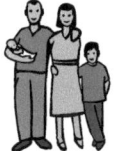

el hermano
phral

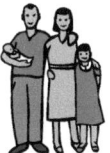

la hermana
phen

el cuerpo

trupo

la frente
čekat
el ojo
jakh
el hombro
piko
el dedo
naj
la cara
muj
la pera
vilica
la mano
vast
la pierna
pundro
el pecho
čuči
el brazo
musik

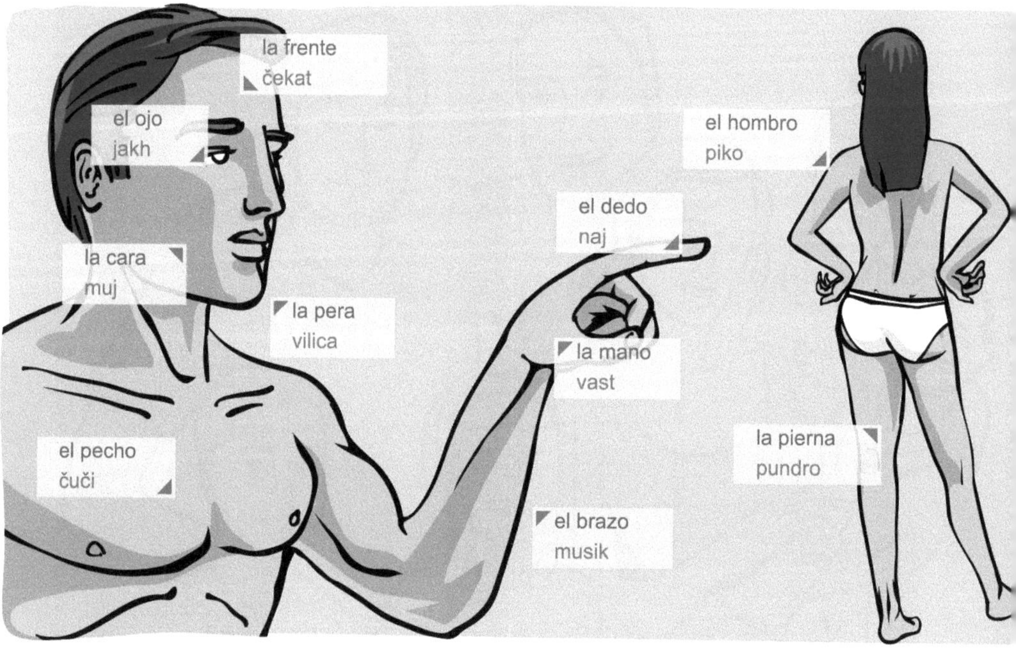

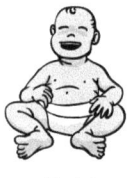

el bebé
bebe

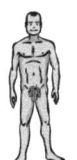

el hombre
murš

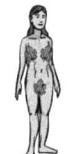

la mujer
džuvli

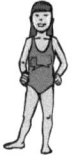

la nena
čhaj

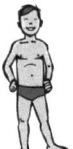

el nene
ćhavo

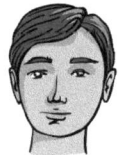

la cabeza
šero

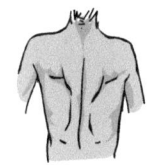

la espalda
dumo

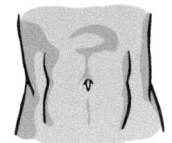

la panza
maškar

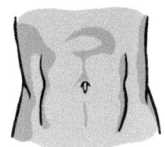

el ombligo
pupko

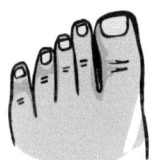

el dedo del pie
pundrenge naja

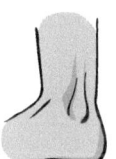

el talón
patum

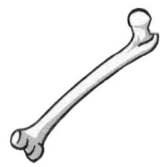

el hueso
kokalo

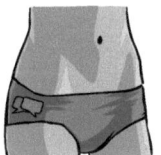

la cadera
kuko

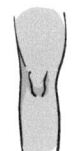

la rodilla
koč

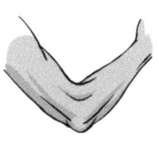

el codo
lahci

la nariz
nakh

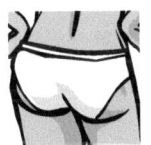

la cola
bul

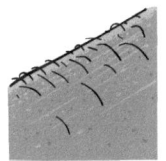

la piel
mortik

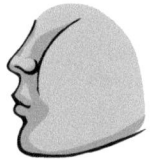

el cachete
čham

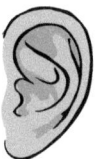

la oreja
kan

el labio
voš

	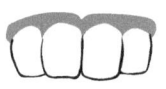	
la boca	el diente	la lengua
muj	danda	ćhib
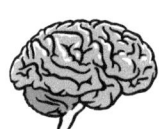	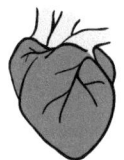	
el cerebro	el corazón	el músculo
godi	vilo	muskulo
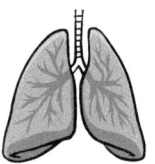		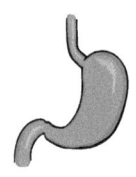
el pulmón	el hígado	el estómago
kolin	buko	vogi
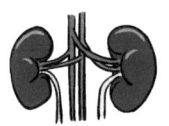		
los riñones	el sexo	el preservativo
bubrekora	seks	kondomi
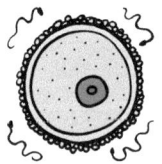		
el óvulo	el semen	el embarazo
yarengi kletka	sperma	khamnipe

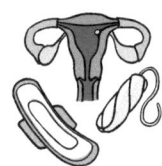

la menstruación

menstruaciya

la vagina

vagina

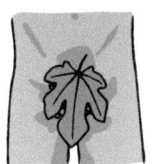

el pene

penis

la ceja

phov

el pelo

bala

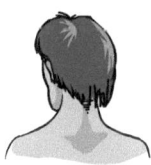

el cuello

men

el hospital
hospitalo

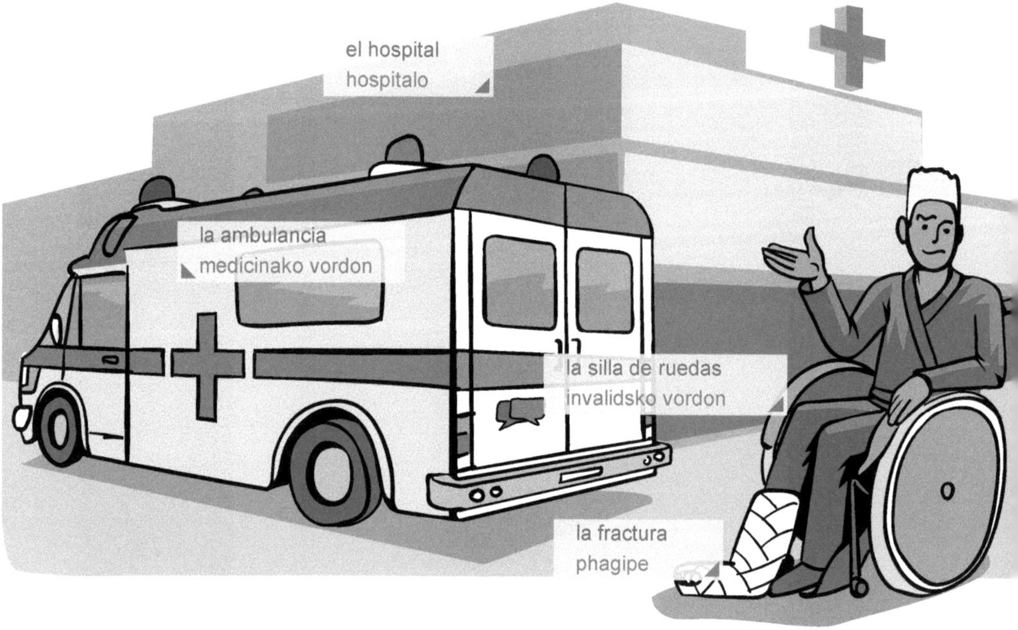

el hospital
hospitalo
la ambulancia
medicinako vordon
la silla de ruedas
invalidsko vordon
la fractura
phagipe

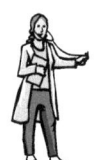

el médico

doktoro

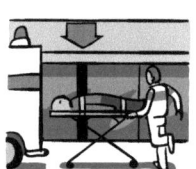

la sala de guardia

sigyarimaski kamara

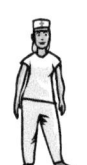

la enfermera

medicinaki phen

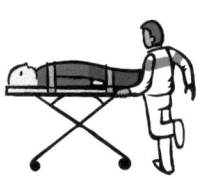

la emergencia

sigyaripen

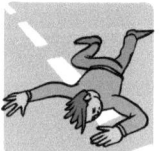

inconsciente

ki koma

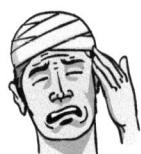

el dolor

dukh

la lesión

dukhavipen

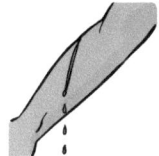

la hemorragia

ratvaripe

el infarto

infrakto

el ACV

šlog

la alergia

alergiya

la tos

khuinibe

la fiebre

tinanipe

la gripe

gripa

la diarrea

diyarea

el dolor de cabeza

šereski dukh

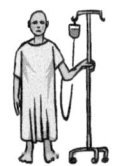

el cáncer

kanceri

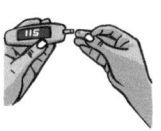

la diabetes

diyabetes

el cirujano

operaciya

el bisturí

skalperi

la operación

operaciya

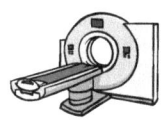

la TC

CT

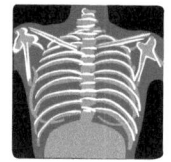

los rayos x

rentgen

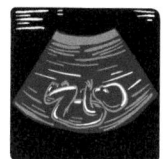

la ecografía

ultra avazo

el barbijo

mujeski maska

la enfermedad

nasvalipe

la sala de espera

adžukyarimasko than

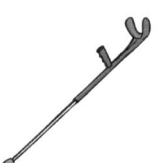

la muleta

paterica

la curita

flastero

la venda

phandimaski gaza

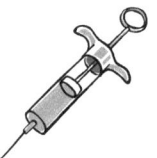

la inyección

inyekciya

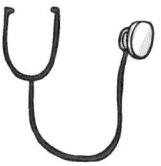

el estetoscopio

stetoskopo

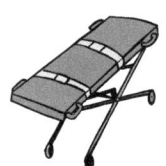

la camilla

tregero

el termómetro

klinicko termometro

el nacimiento

biyanipe

el sobrepeso

baro thulipe

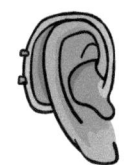

el audífono

ašunimasko aparato

el desinfectante

dezinfekciako

la infección

infekciya

el virus

viruso

el VIH / SIDA

HIV / SIDA

el remedio

medicina

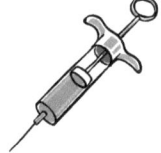

la vacunación

vakcinaciya

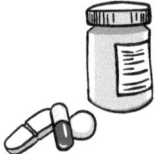

los comprimidos

tabletura

la pastilla anticonceptiva

hapi

a llamada de emergencia

sigyarimasko akharipe

el tensiómetro

monitori vaš učo pretisak

enfermo / sano

nasvalo / sasto

¡Ayuda!

Mažutisar!

la alarma

alarmo

la agresión

atako

el ataque

atako

el peligro

dar buti

la salida de emergencia

sigyarimasko iklyovipen

¡Fuego!

Bari jag!

el matafuego

mamuj jagako aparati

el accidente

bibax

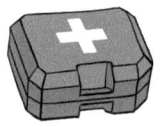

el botiquín de primeros
auxilios

butya avgo ažutimaske

el SOS

SOS

la policía

Policia

Europa

Evropa

América del Norte

Utarali Amerika

América del Sur

Purabali Amerika

África

Afrika

Asia

Azija

Australia

Australia

el Atlántico

Atlantiko

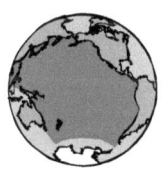

el Pacífico

Pacifiko

el Océano Índico

Indiako Okeano

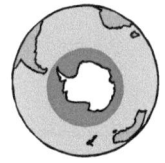

el Océano Antártico

Antarktikosko Okeano

el Océano Ártico

Arktikosko Okeano

el polo norte

Utaralo poli

el polo sur

Purabalo poli

la Antártida

Antarktiko

la Tierra

phuv

la tierra

phuv

el mar

samudra

la isla

džaziri

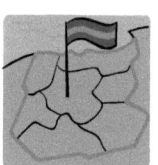

la nación

nacija

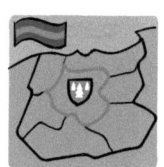

el estado

raštra

la esfera

saatosko gendo

la manecilla de las horas

saatoski sikavni

el minutero

dakikongi sikavni

el segundero

ekundarno saatoski sikavin

¿Qué hora es?

Kozom si o saato?

el día

dive

la hora

vrama

ahora

akana

el reloj digital

digitalno saato

el minuto

dakika

la hora

časo

la semana
kurko

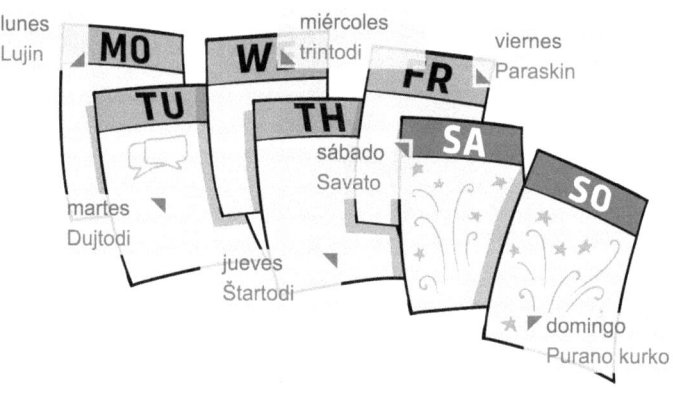

lunes
Lujin

miércoles
trintodi

viernes
Paraskin

martes
Dujtodi

sábado
Savato

jueves
Štartodi

domingo
Purano kurko

ayer

erati

hoy

avdive

mañana

tajsa

la mañana

javin

el mediodía

ekvaš dive

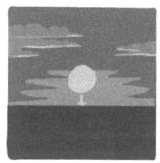

la tarde

blevel

MO	TU	WE	TH	FR	SA	SU
1	2	3	4	5	6	7
8	9	10	11	12	13	14
15	16	17	18	19	20	21
22	23	24	25	26	27	28
29	30	31	1	2	3	4

los días hábiles

butyarne divesa

MO	TU	WE	TH	FR	SA	SU
1	2	3	4	5	6	7
8	9	10	11	12	13	14
15	16	17	18	19	20	21
22	23	24	25	26	27	28
29	30	31	1	2	3	4

el fin de semana

vikend

la lluvia
biršim

el arco iris
renkali badalin

la nieve
iv

el viento
bavlal

la primavera
anglonilaj

el otoño
palonilaj

el verano
nilaj

el invierno
ivend

4.APRIL	11°	☀
5.APRIL	4°	☁
6.APRIL	13°	☁
7.APRIL	8°	☀
8.APRIL	10°	☀

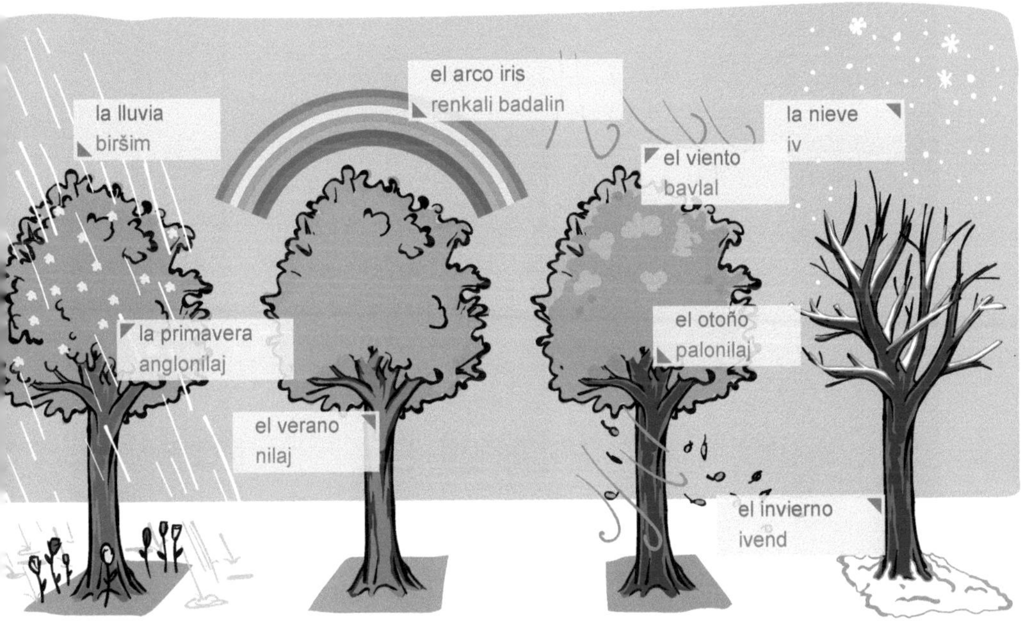

l pronóstico meteorológico

....

vramakoro vakeribe

el termómetro

....

termometro

la luz del sol

....

khamalo

la nube

....

badal

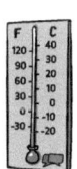

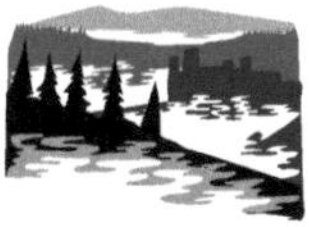

la niebla

....

muhi

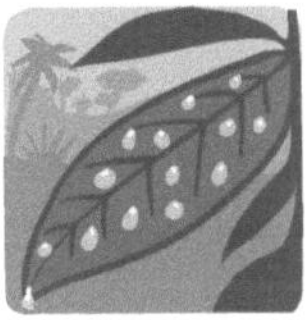

la humedad

....

nemlime hava

el rayo

šemšekoja

el trueno

šemšekosko čalavibe

la tormenta

bura

el granizo

kijameti

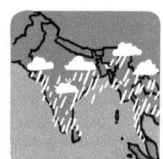

el monzón

monsuni

la inundación

baro pani

el hielo

paho

enero

Januaro

febrero

Februaro

marzo

Marto

abril

Aprilo

mayo

Majo

junio

Juno

julio

Julo

agosto

Augusto

septiembre
Septembro

octubre
Oktombro

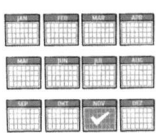

noviembre
Novembro

diciembre
Dekembro

las formas
forme

el círculo
rota

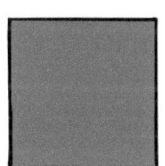

el cuadrado
kvadrati

el rectángulo
rektanglo

el triángulo
trianglo

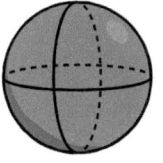

la esfera
sfera

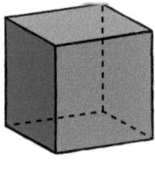

el cubo
kocka

colores
boje

blanco
parni

amarillo
galbeno

naranja
pomarandža

rosa
roze

rojo
loli

violeta
lila

azul
vunato

verde
harjali

marrón
kafeno

gris
kuršumlija

negro
kali

mucho / poco

but / hari

enojado / tranquilo

holjame / mudro

lindo / feo

šuži / bišuži

el principio / el fin

starto / agor

grande / chico

baro / tikno

claro / oscuro

puterde bojako / phanle bojako

el hermano / la hermana

phral / phen

limpio / sucio

užo / melalo

completo / incompleto

sahno / bisahno

el día / la noche

dive / rat

muerto / vivo

mulo / dživdo

ancho / angosto

buvlo / tank

comestible / no comestible

hala pe / na hala pe

malo / amable

džungalo / šukar

entusiasmado / aburrido

bare vogjea / bi vogjea

gordo / flaco

thulo / kišlo

primero / último

avgo / paluno

el amigo / el enemigo

amal / dušmani

lleno / vacío

pherdo / čučo

duro / blando

zoralo / kovlo

pesado / liviano

pharo / lokho

el hambre / la sed

bokh / truš

enfermo / sano

nasvalo / sasto

ilegal / legal

ilegalno / legalno

inteligente / estúpido

godyaver / bigodyako

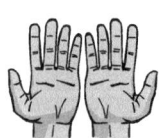

izquierda / derecha

bajan / dahin

cerca / lejos

paše / dur

los opuestos - mamujipena

nuevo / usado

nevo / purano

nada / algo

khanči / vareso

viejo / joven

phuro / terno

encendido / apagado

phabardo / ačhavdo

abierto / cerrado

puterdo / phanlo

silencioso / ruidoso

mudro / bare avazeskoro

rico / pobre

barvalo / čorolo

correcto / incorrecto

čačutno / došalo

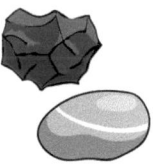

áspero / suave

zoralo / kovlo

triste / contento

mazuni / lošalo

corto / largo

skurto / lungo

lento / rápido

pohari / sigate

mojado / seco

sapano / šuko

caliente / frío

tato / šudro

guerra / paz

mareba / sansari

0

cero

zero

1

uno

jek

2

dos

duj

3

tres

trin

4

cuatro

štar

5

cinco

panč

6

seis

šov

7

siete

efta

8

ocho

ohto

9

nueve

enja

10

diez

deš

11

once

dešujek

12	**13**	**14**
doce	trece	catorce
dešuduj	dešutrin	dešuštar

15	**16**	**17**
quince	dieciséis	diecisiete
dešupanč	dešušov	dešefta

18	**19**	**20**
dieciocho	diecinueve	veinte
dešohto	dešenja	biš

100	**1.000**	**1.000.000**
cien	mil	el millón
šel	milja	milioni

el inglés

Anglicko

el inglés americano

Americko Anglicko

el chino mandarín

Kinesko Mandarinsko

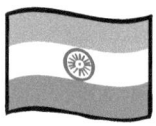

el hindi

Indisko

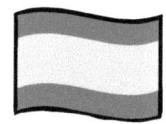

el español

Špansko

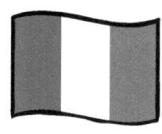

el francés

Francusko

el árabe

Arapsko

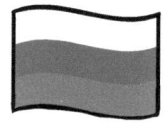

el ruso

Rusko

el portugués

Portugalsko

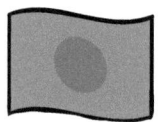

el bengalí

Bengalsko

el alemán

Nemicko

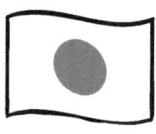

el japonés

Japansko

yo

thaj

vos

tu

él / ella

ov / oj

nosotros

amen

ustedes

tumen

ellos

ola

¿quién?

ko?

¿qué?

so?

¿cómo?

sar?

¿dónde?

kote?

¿cuándo?

kana?

el nombre

anav

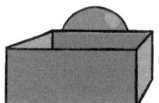

detrás

palal

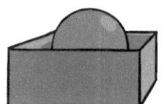

en

andre

adelante de

anglal o

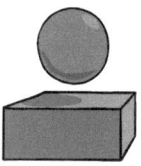

por encima de

upral

sobre

an

debajo de

telal

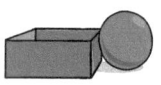

al lado de

trujal

entre

maškaral

el lugar

than